Casilda Fdez. de Soria Martín
@casildafsm

Boceto de una tormenta

VERSOS
conversos

Arcopress • Versos Conversos

Dirección editorial: Pilar Pimentel
Diseño y maquetación: Fernando de Miguel

www.editorialalmuzara.com
pedidos@almuzaralibros.com - info@almuzaralibros.com

Editorial Almuzara
Parque Logístico de Córdoba. Ctra. Palma del Río, km 4
C/8, Nave L2, nº 3. 14005 - Córdoba

Imprime: Gráficas La Paz
ISBN: 978-84-10520-41-7
Depósito Legal: CO-251-2024
Hecho e impreso en España - *Made and printed in Spain*

A mi padre,
por ser la inspiración
de mis mayores sueños.

Y a mi madre, que vale oro,
que asumió dos papeles
cuando le faltaba a ella
el otro protagonista.

Índice

Introducción

La pasión por escribir nació en mí en la niñez, alentada por dejar plasmados en papel los mundos y las historias que imaginaba y que siempre he compartido con mi hermana y mis amigas. Cuando era pequeña las escribía en las carpetas del colegio, que siempre se encontraban a una hoja de estallar, llenas de mis proyectos. Ahora es mi móvil el que arremolina sentimientos.

El primer sueño que tuve, antes del de ser de mayor policía o bombera, fue el de escribir el mejor libro jamás contado antes de los once años. Luego continué con el simple objetivo de divertirme y de llevar a las personas que me leyesen de la mano.

Cuando cumplí los dieciséis, mi padre falleció y el mundo se volvió una realidad cruda y cruel. Mi forma de escribir cambió, me refugié en las letras cuando la tristeza o cualquier otra emoción se amotinaban a mi alrededor, y de estas nacían sentimientos que evolucionaron y cambiaron adaptándose a un terreno árido y desconocido. Me volqué en la escritura de una forma mucho más seria. Más que un sueño, se volvió una obsesión.

A veces, la vida termina antes de que uno consiga lo que desea, a la mitad. Yo no quiero que me pase a mí. Por eso me encuentro aquí, tras una pantalla. Intentando contarte cómo es salir de la luz, atravesar la tormenta y volver a ver llamas.

Fuego

Un interior que arde

Yo nací para ser fuego.
Si me tocabas la piel, ardía,
aunque todo estuviese hecho
de hueso.

Nacida al sol

Yo nací siendo una llama.
En clase hablaban de huesos,
sin saber que yo, por dentro,
solo era lava.

Yo nací de fuego y chispas,
¿qué calaveras ni qué diantres?
Me enfadan las costillas
y odiaba la sangre.
Qué mierda de clases.

De pequeña imaginaba ser de fuego
y en llamas asaba el pensamiento.
Cuando era niña el sol ardía.
Qué calor el de esa niña.
Qué calor el de mis padres,
mis abuelos, primos, tíos.
Y me asfixio en los recuerdos,
de una infancia sin frío.

Un último día para ser fuego

En el patio de mi abuela aún debe de haber risas y gritos
escondidos entre los ladrillos. Ya no hay niños,
ni peleas, no hay balones, ya no hay quejas. No huele
a chocolate, ni hay robos de comida en la cocina.
No hay raspones, ni hay heridas. No quedan lágrimas
de niños malos ni disculpas de arrepentidos.
No hay nada, apenas queda ya un recuerdo, entre esos
ladrillos blancos de la casa de mi abuela.
A veces me pregunto cuándo se acabó todo. ¿Cuándo
fue el último día en el que comí chocolate y turrón
o bizcochos de limón y magdalenas? ¿Cuál fue el
último día en el que fui niña?

Piratas, magia y guerra

Cuando era niña me perdí en sueños que otros bordaban.
A mis sueños los poblaba la tinta. Olían a libros, a
historia, olían a fantasía y hadas sin alas. Sin saberlo o aun
sabiéndolo, todo texto que pasaba por mis manos se volvía
un escalón
más en mis noches sin sueño.
Amaba refugiarme de la realidad en frases de mundos ajenos,
en aquel recodo que algún otro había construido entre
libros y acertijos. Amaba los sueños que se liaban cada
mañana en mis zapatos y me acompañaban todo el día.
En los árboles habitaban las hadas y los guerreros. Vivía
rodeada de leones y dragones antes y después de ir al
colegio. Los juegos nacían para ser reales y morir entre
lágrimas.
Antes todo era fantasía pura, que brillaba y añoraba cada
noche en la cama.
Ahora, al cerrar los ojos, aún veo girasoles gigantes y aves
del paraíso, vuelvo a soñar con hadas y brujas. Es curioso,
pero, cuando crecí, mi día se volvió noche, la que
detestaba en los días en los que jugaba a las hadas...
Pero en mi fantasía ahora habita la niña que no duerme,
aquella a la que le aburría el sueño.

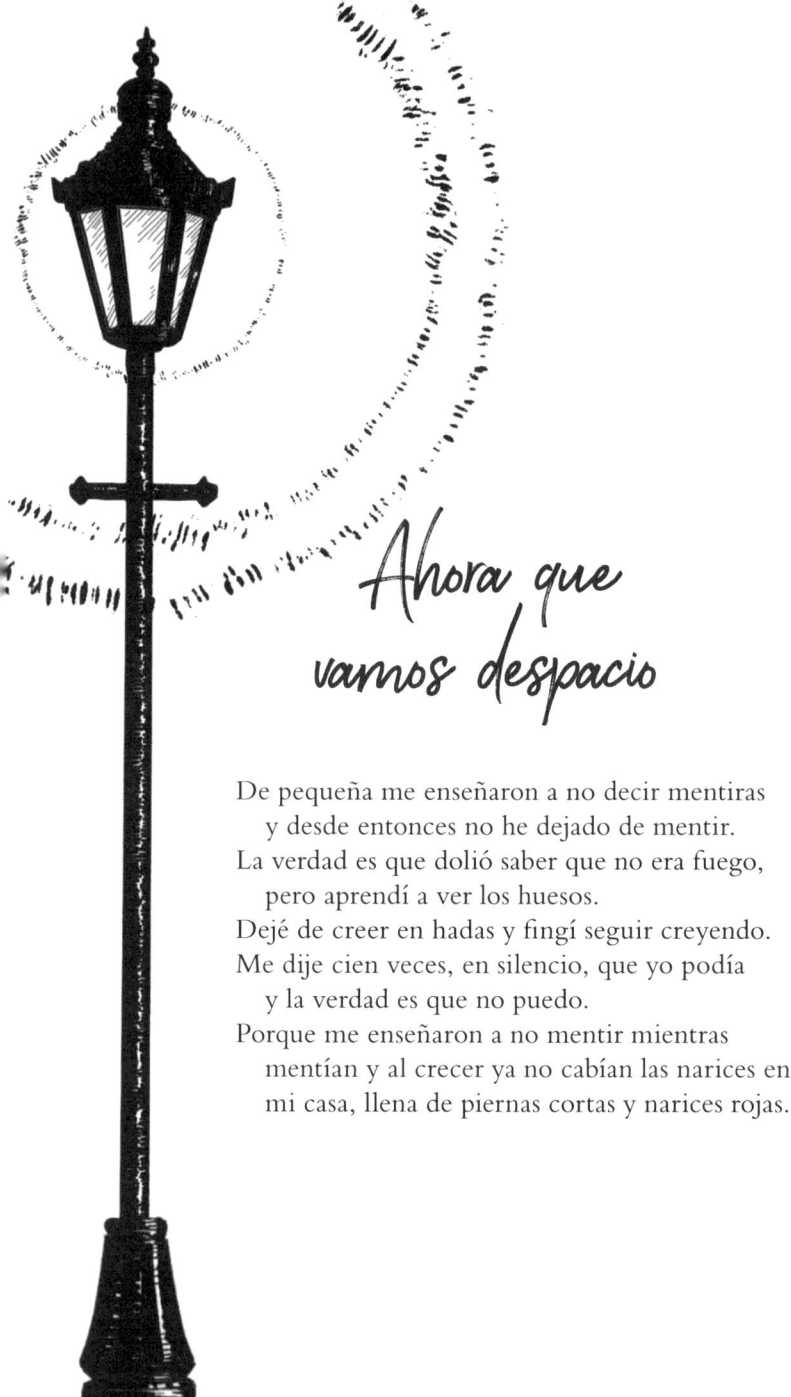

Ahora que vamos despacio

De pequeña me enseñaron a no decir mentiras
   y desde entonces no he dejado de mentir.
La verdad es que dolió saber que no era fuego,
   pero aprendí a ver los huesos.
Dejé de creer en hadas y fingí seguir creyendo.
Me dije cien veces, en silencio, que yo podía
   y la verdad es que no puedo.
Porque me enseñaron a no mentir mientras
   mentían y al crecer ya no cabían las narices en
   mi casa, llena de piernas cortas y narices rojas.

Los poemas de mi abuelo

Al leer mi abuelo a Machado
viajábamos a Castilla.
Niños hechizados,
con su voz y dos rimas.

Solía recitar sus sueños
con canas y sombras chinas.
Me compró siempre más cuentos
de los que cualquier niño leía.

Mi abuelo se fue en mayo,
cuando yo era una niña
y pensaba que entre estrellas
algún día lo encontraría.

Los años me han quemado.
Apenas pienso ya en ellas,
pero aún leo los poemas
con su voz en las orejas.

En la estrella que más brilla,
aún arde allí el pobre fuego
de una niña que no es niña
y que sueña con su abuelo.

La pregunta que muere

Alguna vez me pregunté cómo sería yo cuando creciese. Si tendría casa a los dieciocho, si viviría tanto tiempo como mi abuela y si llegaría a los veinte. Me pregunté si me volvería guapa cuando me sentía fea, si superaría el metro y medio o si escribiría novelas.

Y ahora las preguntas se vuelven inversas.

¿Qué sería de mí si aún fuese pequeña? Si aún pudiese depender de brazos grandes para subir escaleras. Si por la pared se moviesen las estrellas. Qué sería de mí si volviese a correr en lugar de andar, si jugase en vez de trabajar, si mis abrazos fueran diminutos, si se me escapasen los «te quiero» con la boca llena de caramelos. Si mi madre me volviese a contar mentiras.

¿Qué sería de mí si aún ardiera?

 Verano

Soy una niña de otoño, pero si me preguntasen la estación
   de mi infancia, siempre diría que fue el verano.
Te rodeas de amigos, de juegos. Conoces el placer
   de la sombra y el frescor del agua. No hay frío que no
   sea placentero y la lluvia solo es de estrellas.
Recuerdo las llamas de San Juan entre saltos, y cómo
   el fuego quemaba el mal agüero. Los recuerdos del verano
   siempre son nostálgicos y así recuerdo yo mi infancia.
Cuando comía helado y se derretía en la garganta, siempre
   era por mi calor interno.

El color de la niñez

Es curioso, pero siempre hemos asociado
un color a la infancia.
Para algunos es el **azul**, igual que el mar o
la tristeza.
Esas personas no suelen volver a mirar atrás
con una sonrisa y, si te los encuentras por
la calle, quizás callen todo aquello que tenga
que ver con el pasado, en busca siempre
de un futuro mejor.
Para otros es el **verde**.
Rodeados de hierba, campo, perros, ovejas.
Esos niños que vivían entre piteras y coderas.
Los pantalones remendados como última
moda y los dedos llenos de ortigas.
He visto a niños vivir en **gris**.
Niños que viajaban entre altos pensamientos
y edificios de cemento. A las personas de
infancia gris las descubrirás con la vista en
un futuro que no quieren de verdad, con los
sueños de niñez enterrados en el cementerio
y unas esposas en los pies que los hacen mirar
al suelo más que al cielo.

Y luego están las infancias de **fuego**.

Infancias que, de solo evocarlas, te calcinan la piel. Mi niñez arde y quema el recuerdo y, como prende con tanta intensidad, a veces es difícil de mirar.

Era feliz con mis primos. Jugábamos hasta que la piel se tostaba y las pecas saltaban entre risas y peleas. Mi abuela nos sacaba a la calle como salvajes y jugábamos a puñetazos y palos. Mi niñez huele a sol y a dulces. Sabe a hierba y escarabajos peloteros. Es aquello que veo cuando pienso en felicidad.

Y a veces las infancias de fuego son un gran problema.

Los niños de fuego lo entenderán, porque ellos brillan, pero también queman. Y cualquier niño hecho de llamas, a cierta edad, se apaga.

Yo fui una niña de fuego a la que la tormenta la pilló aún ardiendo.

Oscuridad

Las tinieblas
siempre llegan en silencio

Hubo un prólogo en mi vida
lleno de fuego, así que, cuando
llegó la oscuridad, me pilló
desnuda y me mató de frío.

Transición

Nacen con la mirada limpia,
el alma en el cielo,
azúcar mezclado aún en el pelo.

No es turbia, no es violenta,
una mirada inocente
nunca será una muerte lenta.

El gris no es de niños,
es de viejos y perdidos
de fracasos y desatinos.

A los adultos los pinto de oscuro,
sus lágrimas no merecen brillo.
Los ojos que han sido negros
nunca vuelven a ser los mismos.

Fe

No creo que la vida sea tan larga como para hablar de errores.
No creo que los errores sean tan profundos como para hablar
de heridas.
No creo que las heridas sean tan terribles como para hablar
de dolor.
Y no creo que haya dolor más grande que la vida.

Un vistazo al temporal

La tormenta me sorprendió en lo alto de la colina.
Y, como yo no había visto ninguna, me descubrió
   desprevenida.
Azorada tenía la vista y los sentimientos cegados.
Llegó para robarme el aire, la salud, la alegría.
Llegó para tirarme al suelo y me dejó a merced
   de un invierno muy largo.
El temporal vino en calma, apenas lo vi llegar.
   La oscuridad invadió mi vista y no pude ni llorar.
Quince tenía entonces, mi padre cantó aquel día,
   con la sentencia de muerte al cuello. El ruiseñor
   se moría.

Tocado y hundido

A veces aún pienso en la primera vez que sentí miedo.
Es increíble, pero es una sensación que nunca se olvida.
   Aparece por sorpresa, llena de adrenalina, imagino que
   por eso hay gente adicta. Yo, el miedo de verdad, esa
   sensación de caída en picado, de nada profunda,
   de abejas por dentro, lo intento evitar a toda costa.
La primera vez que sentí esa oscuridad palpitante me quedé
   sin aire y desde entonces mi ansiedad siempre ha venido
   de mano de la asfixia. Se enroca, me lleva a una esquina
   y mis pulmones ya no son míos cuando me quedo sin
   aire.
Antes me atacaba por la noche el miedo y mi cama se
   convertía en un avión sin piloto siempre en dirección
   al suelo.
Ese miedo te come, joder que si te come, es que te hunde
   los dientes y te devora hasta que los huesos crujen como
   palillos entre las muelas. Y a veces te olvidas de quién
   eres, de dónde estás, te olvidas de lo que es el mundo
   y te rodea la oscuridad.
Y siempre, siempre, siempre llega en silencio.
Ojalá se colgase cascabeles en el tobillo para avisar de
   que viene.
Ojalá nunca sienta miedo. Ojalá no lo hubiese sentido,
   ni lo sienta de nuevo.

Cuando no hay decisión

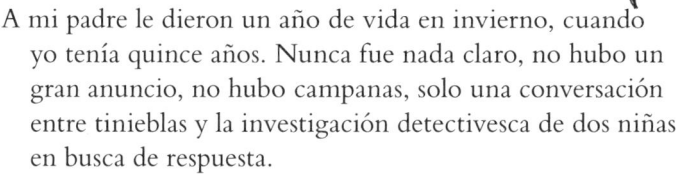

A mi padre le dieron un año de vida en invierno, cuando
yo tenía quince años. Nunca fue nada claro, no hubo un
gran anuncio, no hubo campanas, solo una conversación
entre tinieblas y la investigación detectivesca de dos niñas
en busca de respuesta.

La gente habla mucho sobre la muerte, lo que supone, el vacío,
la inexistencia, la tristeza, la gran marca que te deja. Pocos
hablan de la enfermedad.

Hay vídeos así, novelas que tratan sobre ese año que te dan,
sobre la pregunta y su respuesta. ¿Qué harías si te quedase
un año de vida? ¿Y si fuese la última Navidad de tu padre?
Siempre llegan a conclusiones que te sacan lágrimas y
te dejan temblando. Respuestas ideales para un conflicto
que nunca llega.

Yo escribí un diario.

Y me enfadé.

Grité.

Luché.

Odié al mundo.

Fue como quedarse congelada mientras el tiempo pasaba
a zancadas.

Un día le hacíamos coletas en el pelo y al siguiente no tenía. Un
día le abrazabas la barriga y otro tocabas hueso. Un día
lo acompañabas por la calle y de repente no salía de la cama.

Dejó de caminar, de hablar, de comer.

Y con cada pérdida la oscuridad abría la boca y te devoraba.

¿Qué harías si le diesen un año de vida a tu padre?

Yo me dejé devorar. ¿Sabría dulce mi felicidad?

Del pan y otras historias

Hay una tabla de cocina en mi casa que tiene la misma
edad que yo. Tiene el mango roto y está tan cortada
que, más que vieja, está añeja.
Si sus bordes tuvieron pico o fueron siempre redondos
no lo tengo claro, lo único que sé es que, cuando
me pongo a cortar el pan, voy escribiendo historias
en la madera. Nunca me he parado a leer sus rayas,
nunca he querido conocer esa historia. Porque
al final veo en ella manos afiladas que no son mías.
La historia cortó momentos, quesos y chorizos, pero
quedó marcada para siempre entre madera
y cuchillos.

Augurios

Antes de la despedida suele haber ceniza.
Olfatea con atención o sin ella, porque serás capaz
    de oler la lluvia antes de la tormenta.
Observa, con los ojos abiertos o casi a entrecerrar
    ya en mitad de la oscuridad, y verás sin ver
    un vacío que ya se intuye, pero no puedes tocar.
Yo eché de menos sus abrazos mucho antes de que
    se prendiera el incienso.
Recordé con nostalgia, aún con el sabor en la boca,
    los bocadillos a la hora de cenar.
Lloré sus «te quiero» aún con él en mis brazos.
El negro se cosió sobre la piel mucho antes
    de que se encendiesen las velas.
Y las lágrimas inundaron mi casa meses
    antes de la tormenta.

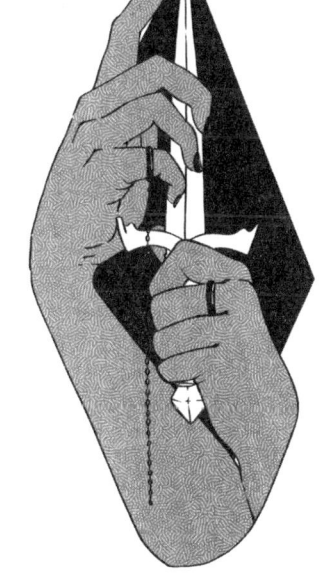

Pistas de un verano olvidado

Había un rosal en casa de mi abuela que no era
 de nadie.
Había dos sillas nuevas en su terraza.
Había una desconocida que sabía de dónde era.
Una plantación de tomates que ubicaba sin
 problemas en el mapa.
Había un nombre de pueblo que me sonaba.
Había un otoño que llegó tras la primavera.
Me di cuenta con los años de que se me tostó
 la piel sin sol y hubo pecas sin cumpleaños.
Qué raro fue olvidar un verano.

El abrazo de la víbora

Lo peor de la oscuridad es que los ojos se adaptan a ella.
   Las pupilas se dilatan y la realidad pierde color. El mundo
   se vuelve verde frente a la cámara y se difumina todo en
   la niebla.
Te hace pensar que vivir sin luz fue siempre normal.
   No es hasta que estalla la tormenta que recuerdas el día
   despejado.
Lo peor siempre ha sido ese
   día sin nubes, ver el rastro
   de fuego que se apagó.
Llega sin que te des cuenta, te
   das cuenta en el silencio y
   una vez dentro no hay más
   que frío y agua.
Y ahora intenta salir, lucha,
   grita, llora.
Muérete de pena. Porque
   ya ha llegado la tormenta.

Tic, tac

Tic, tac.
Suena el reloj, van a dictar sentencia.
Callaos, que no escucho al cuco y me cuesta
    seguir las manecillas.
Tic, tac.
Suena el reloj, sigue pasando el tiempo.
El juez le ha mirado los pies, que aún no cuelgan
    ni han sido colgados.
Tic, tac.
Suena el reloj, la defensa se ha emocionado.
Quizás no cuelguen al prisionero, a lo mejor no es
    condenado.
Tic, tac.
Suena el reloj.
¿Cuánto tiempo ha pasado? A mí me prometieron
    un año y esto se está alargando.
Tic, tac.
Suena el reloj. A lo mejor se les ha olvidado.
Tic, tac.
Suena el reloj.
Tic, tac.
Tic, tac.
Tic, tac.
Tic, tac.
Tic, tac.
Tic, tac.
Tic, tac.
Ya ha llegado.

Una noche de marzo

Hubo una noche, una noche de marzo, cuando
el suelo se volvió azul y corrió el aire por mi casa.
Sonaban los cascabeles y sabía a limón el aire. Hacía
calor y frío, no sentía apenas hambre.
Esa noche quedó grabada en la pared y aún
retrocedo la película a veces para fijarme en
los detalles.
El actor principal sabía ya sus líneas finales.
Veía las tijeras ceñidas sobre el último corte de
la cinta, se lo dijo un día el chocolate enfermizo
que se apilaba en cajas en la cocina. Quizás fue
la silla en la ducha. A lo mejor fue el hambre.
¿Quién sabe?
El caso es que esa noche se acercaba el gran final y
se leía en las persianas el inicio de los créditos.
Una vez pasado el pasillo, ya tumbada en su cama,
con los brazos ahuecados para que no doliese un
abrazo, mi padre abrió la boca y se despidió.
El telón bajó esa noche por última vez en mi casa.
Al día siguiente cruzó la alfombra roja y ya nunca
más volvió del hospital.
No hubo escena poscréditos en su funeral.

Tormenta

A principios de marzo
arribó el frío

Tengo dos esquelas en una libreta,
una habla sobre la muerte y otra
sobre el recuerdo.
Las dos huelen a viejo.

Invierno

El invierno llegó helado y me tuve que refugiar
   del frío.
Hiberné durante tanto tiempo que me olvidé
   del hielo sintiendo hambre.
Ojalá haber visto el sol de enero, que siguió
   brillando cuando solo anhelaba migas.
Qué invierno más frío y qué ansia más larga.

Las verdad que todos callan

Mi padre se fue un seis de marzo, hace ya diez años
y estoy harta, exhausta, me queman los huesos y la
cabeza hiela porque no entiendo cómo es que aún
lo sigo enterrando.
Sigo siendo la niña aquella sentada en el banco, frente
a una caja cerrada y una familia por última vez
reunida. Sigo siendo la pobre hija que perdió a su
padre para que se marchase a «un lugar mejor» siempre
lejos de su familia. Sigo siendo la adolescente afligida
que no lloraba en el teatro de la pena, pero que,
cuando se quedaba en casa a solas, se volvía naufragio.
Y sigo allí, en aquel día en silencio, dentro del vacío, en
las palabras de pena y consuelo. Sigo sumergida en la
niebla y la oscuridad, dentro de la maldita tormenta.
Han pasado diez largos años
y todavía vivo en negro.
Nadie se atrevió a decirme
nunca lo infinito que era
el duelo.

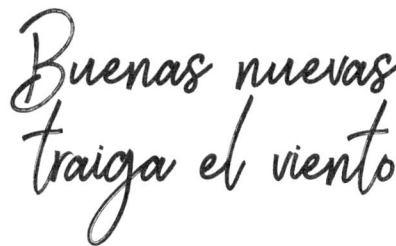

Buenas nuevas traiga el viento

A la vista de buenas nuevas, solo las buenas malas
fueron oídas:

Que ya no habría migas los domingos,
ni manos anchas en el camino.

Que nadie me acompañaría al altar,
ni mi padre conocería a mis hijos.

Que no hay recuerdo que cien años dure,
ni memoria que atrape voces al viento.

Que no volvería a haber cuatro platos en la mesa,
ni besos antes de dormir.

Que no habría achuchones,
ni faltas de cariño que apagar abrazados.

La piel a tiras

Suelo pensar mucho en los delincuentes, aquellos por
los que alguna vez quise arrancarme la piel a tiras.
Las películas que, cuando estoy en la cama, feliz, en
paz, estirada, vienen con saña para declararme la
guerra. Son los recuerdos de esas manos las que
vienen a tirarme del pelo y a decirme sin palabras
qué día tocaron la sangre que yo escondía con tanto
recelo.
Cuando ellos me rodean y me arañan la cabeza, me
imagino con una antorcha entre las manos. Siempre
he sabido que son buenas para asustar a las bestias.
A pesar de todo, con llamas y en mi maldita cama
metida, sigo siendo yo la única que se enfría.
Y es que a veces estoy en paz y me desgarro por dentro.
Aún veo una mañana y escucho una noche frente a
la iglesia. Aún siento la hierba y las benditas estrellas.
Aún sudo unas manos ajenas y nado en el miedo
espía de una calle serena.
Aún soy una niña pequeña.
Mi paz apuñalada pena todas esas vergüenzas.
Qué bueno sería que la felicidad fuese sincera.

En la balanza

Si en los textos no existiese la libertad,
nunca se quemarían los libros.

Si al reinar el cielo no existiese el miedo a caer,
nunca alzarían el vuelo las aves.

Y si tras el pasar del tiempo la meta no fuese el final,
nunca aprenderíamos a vivir.

Luchas las palabras por rabia a las llamas.
Vuelan las aves para sentir la altura.
Y vivimos porque morimos.

En mitad de la oscuridad me encontré a mí misma

Fue en un mar sin gaviotas y un desierto sin oasis donde aprendí a verme a mí.
En el reflejo del dolor me encontré escondida. Hasta entonces había vivido años sin saber de mi existencia.
No sabía cómo lloraba ni cómo reía. La gente me nombraba y yo asentía.
No me paraba a pensar en cómo me llamaban ni a qué atendían.
El dolor me metió en una cueva de un solo habitante, de una sola bandera, y tuve que aprender a quererme. Porque era yo o la guerra.

Permiso

Me escocían los ojos al llorar y dejé de hacerlo.
Me ensordecían las historias y dejé de escuchar.
Me asustaban las personas y dejé de salir.
Me dolía amar y dejé de latir.
Ahora me inquieta el vacío, pero ya vive en mí.

Una vida entre rayos

He vivido una vida entera pendiente del mal tiempo.

Siempre ha habido nubes en mi cabeza. A veces, vienen
al amanecer y nublan el día o se aproximan por la tarde
y abrigan el sol antes de marcharse. Otras veces, son
nocturnas, y no las ves llegar hasta que ensombrecen
las noches llenas de estrellas.

Cuando chocan con las demás, chisporrotean, y de vez en
cuando son tan oscuras que, sin manta en los hombros
y sin resguardarme de ellas, me acabaría ahogando.

Es entonces, cuando llueve, que el cielo se cierra y sé que
ha llegado la tormenta.

Tengo suerte si me pilla en casa. Los resplandores son bonitos
y siempre hay infinidad de mantas, aunque luego se me
queden los pies fríos y deambule sola tras las ventanas.

La mayoría de las veces me coge en la calle y me siento
abandonada mientras corro en mitad de la nada. Nunca
me ha pillado con paraguas, llega tan de repente que
ni siquiera encuentro el pórtico y de un momento a otro
el fango me llega por los pies y el agua al cuello es lo
de menos.

Siempre he sentido un amor impreciso por las tormentas
eléctricas, que vienen y se marchan entre flashes y
espectáculos, pero, cuando se suceden dentro, la cabeza
se vuelve un lío de cables. Cuando el pensamiento
se vuelve eléctrico y no deja de bailar bajo una lluvia
que no parece que vaya a dejar nunca de ahogar.

Algún día espero desenterrar los pies del barro y nadar hasta
que se calme el viento. Pero por ahora seguiré bailando en
la calle, a la espera de una tormenta que nunca deja
de tronar.

Rayo

El valor del tiempo

Claro y brillante, temblor.
Sobrecogedor y doloroso, un
   resplandor.
Llegó por sorpresa y se marchó.
Hubo cosas buenas, sí,
y un dolor cegador.

Una tradición familiar

En mi familia temer al rayo siempre ha sido una tradición
familiar. En el campo se teme lo que se desconoce y
el rayo nunca se ha presentado por el nombre.
De pequeños mis tíos huían de las nubes y mis abuelos han
tenido presagios de muerte cuando la borrasca baila.
Siempre creí que la gente temía el trueno. Antes de cegarse
ya se habían cegado, pero hay un momento, entre
el sonido y el rayo, que en mi casa truenan números
casi susurrados.
A veces son seis, precedidos de plegarias.
Con cinco los cuellos giran de lado a lado.
A los cuatro tropiezan.
Solo a los tres paran.
Dos son silencio.
Y para entonces, zas…

Ya te ha alcanzado el rayo.

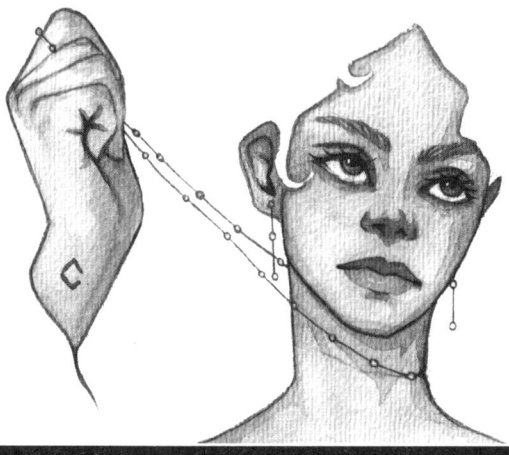

En busca de fe

A veces, busco la fe en el viento, en una ventanilla
  bajada, en el firmamento.
Busco la fe en la hierba y en las piedras, la busco
  en hormigueos prohibidos y siento dolor
  en la garganta.
Busco la fe en el miedo y en la vida, la busco
  en la felicidad y en la tristeza.
Y sigo buscando en el infinito, en la oscuridad,
  en el amor y en la muerte.
Busco fe, sí, busco fe para creer en mí.

Advertencia

No lo toques, no toques mi corazón,
que a mí me arde y tú eres frío.
Yo era de llamas hasta que me volviste hielo.

No lo toques, no toques mi pecho,
que en las noches de invierno me calentaba
y ahora hace tiempo que me arropo entera.

No lo toques, no toques mi corazón,
que sigue secándose en el mar
de este profundo e inmenso vacío.

No lo toques, no toques mi corazón…
Aunque ya no podrás tocarlo,
hace tiempo que se ahogó.

Resentimientos arrepentidos

Me odio por ser tan fría,
vivir lejos cuando debería vivir cerca.
Me odio a mí misma por no gozar cuando toca,
por no querer cuando quiero,
por vivir con miedo.
Me odio a mí misma por ser hielo cuando había un fuego
dentro.

Explosiva

Suelo convertir en obligaciones todas mis pasiones.
Es un proceso lento e ingenioso.
Primero llega el intento, siempre con piernas de recién nacido,
 la lucha por ponerse en pie cuando cae de golpe al suelo.
Luego salta la chispa y el incendio llega tan pronto que
 la euforia debería considerarse parte del camino.
Amo correr entre las llamas, dibujo con pasión, escribo pasión,
 leo apasionada…
Hago que todos me vean bailar entre el fuego y reír con él.
Hasta que un día el fuego empieza a quemarme la piel.
Llega poco a poco, sin que me dé cuenta y, cuando me miro
 el pelo, ya huele a humo.
Es un proceso autodestructivo
 ese de la pasión, pero, al fin
 y al cabo, un proceso
 muy mío.

En busca de amor

Para mí el amor es un primer encuentro curioso y
una mirada furtiva. Nada del otro mundo hasta que
esa persona dice algo que no es estruendoso y repiquetea,
como las campanas.
Ding.
Ding.
Ding.
Tintinea una y otra vez hasta que las campanas se vuelven
lluvia y la lluvia, tormenta, y cuando te quieres dar
cuenta te ha impactado el rayo.
Y ya nada volverá a ser como antes, porque una vez herido
de muerte todo se vuelve eléctrico y nuevo, pero al más
mínimo roce duele el doble.
Es un impacto doloroso y delicioso.
Sí, para mí, eso es el amor.
No un disparo a quemarropa, sino un día despejado
que se volvió tormentoso.

Transparente

No quiero ser transparente,
  solo quiero ser opaca.

Que, cuando sienta vergüenza,
  sea hierro lo que miren.
Que, cuando me tiren piedras,
  no provoque grietas.
Que nunca vean el agua rebosar.

Porque algún día voy a reventar.

Nunca quise ser de cristal,
de aquel que cambia
  y se quiebra,
que se templa y moldea
  sin querer.
Quise ser de hierro, duro
  y opaco. Cruel y mordaz.

Pero me tocó ser de vidrio
  y ahora tengo que fingir
  que soy de metal.

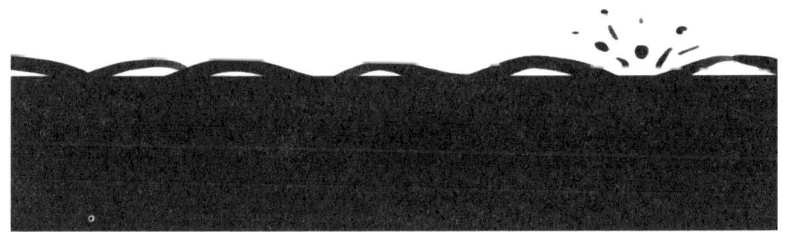

Buenos y villanos

Siempre me vendieron que el villano era el malo. Venía desde fuera a provocar daño. Me vendieron la mentira los mismos que dijeron que a mi alrededor vivían los buenos. El mejor escudo siempre era el amor de ellos. Ahora con la edad ya no veo buenos, porque todos los que creí que me cuidarían dejaron de hacerlo.

Pobre villano, al que yo no conozco y al que siempre temía en silencio. Porque él nunca quiso mi mal. Ahora me doy cuenta de ello.

Pobre niña, que en los cuentos creía y a la que los más cercanos le clavaron el cuchillo un día.

Gigantes de paja y duendes de metal

Los problemas que viven fuera siempre se ven corpulentos.
Demasiado grandes para enfrentarlos y tan fieros como para
detestarlos.
Los problemas de dentro parecen pequeños. Y a pesar de no
ser gigantes, se hacen de hierro.
A los monstruos de paja los veo con los ojos, a los monstruos
de hierro los llevo yo dentro.
Y al final solo los más pequeños son los que nos desangran
de dentro a fuera, porque nunca hay heridas duraderas
que fuesen hechas de fuera a dentro.
Viven los enemigos en las alturas de las montañas, se hacen
pequeños siendo amigos y una vez pequeños se infiltran
en mí. Son el cuchillo en mis grandes heridas, porque los
de fuera nunca fueron el problema hasta que no entraron
en mi cerca.

Lluvia

¿Qué me queda a mí
tras la tormenta?

Hice una lista de cosas,
de esas que aún me quedan,
y, llena de rabia, furiosa,
la he dejado a medias.

Hice una lista de cosas,
de las que aún no he tirado,
y la he escrito de lado,
oscura y, aun así, hermosa.

Me queda un pincel

Tengo en casa un pincel que cuando se moja se abre
y rabia, como si esperase el agua para desatar su
furia.
Cuando se seca es todo suavidad y delicadeza, pero
una vez húmedo se vuelve inservible.
Nunca lo he tirado, aunque debería, pero a veces
me sirve para rellenar los centros y aunque no
me gusta verlo soy incapaz de dejar de usarlo.
Lo puedo apretar y zarandear, de un lado a otro,
no me importa hacerle daño. Está roto y lleno
de ángulos, no tendrá en cuenta más maltrato.
A veces, cuando se vuelve suave lo pongo bajo
el grifo para verlo sufrir y luego me da pena.
Fui yo, mi uso, mi fuerza, mi rabia, la que lo llevó
a ese extremo y sigo forzándolo a sufrir por
dentro. Pero soy incapaz de dejar de usarlo,
a veces con delicadeza, otras a puñaladas.
Ojalá algún día pueda darle un respiro y se quede
para siempre guardado en el cajón, suave y
elegante, sin púas ni erizos.
Ojalá algún día no vuelva a sacarlo jamás.
Ojalá.

Me queda un boceto

A veces mi mera existencia se basa en mantener
   la mente en calma.
Cuando cojo un pincel y el ruido se acalla.
Entre boceto y boceto se reproducen los recuerdos
   en blanco y negro. Sin frases que hablen ni diablos
   que canten.
Hay grafitos que brillan y acuarelas que secan cuando
   el viento es solo viento y no rumorea nada.
Cuando menos lo espero, mis manos se oscurecen
   y dibujan flechas y corazones rotos cuando a mi
   alrededor toca el silencio.
A pesar de ser oscuras, adoro las flechas que sangran
   y las velas negras, porque hablan de cuando el arte
   amansó a las bestias.

Me queda la tinta

Es catártico el dibujo de tinta que viene oscura y
no es enemiga.
Llega entre felicidades para arroparte, cegadora hasta
que te acostumbras a ella.
Es una parte tan profunda de mí que anda en silencio
y es curioso porque nunca encontrarás la luz si no
te has perdido en esa oscuridad.
Si es la muerte la que te arrastra a la vida, es la tinta
la que me llama a vivirla.
Son los dibujos en blanco y negro los que traslucen
los colores cuando no quiero verlos.
Qué bellas han sido siempre las mañanas y qué
preciosidad tan oscura envuelve las noches.

Me queda una noche de carnaval

Cuando llega el carnaval me encuentro vestida con
  el disfraz que me pongo todos los días.
Esa sonrisa que detrás esconde maldiciones.
Esas buenas palabras que ocultan esos llantos que
  desvelan en madrugadas y tormentas.
Entre los desconocidos y a veces amigos, me acompaña
  ese disfraz.
Está hecho de retazos, de retazos de mí, de películas
  que me gustaron, libros que me apasionaron,
  aspectos de los demás que un día encontré bonitos.
Es tan vida que a través de ella veo a las personas, pero
  ellas nunca me ven a mí.
Reluce y brilla por fuera, llueve y truena aquí dentro.
Es un traje extraño y triste, un vil sustituto de aquello
  que algún día encontré mal de mí misma.
Es un alivio cuando dejo el traje en el armario,
  un riesgo si a él le preguntas y siguen siendo
  muy pocas personas las que me han visto desnuda.

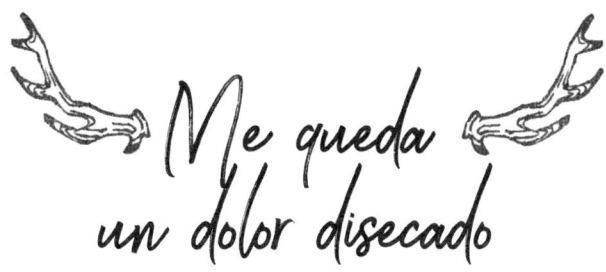

Me queda un dolor disecado

Dibujé un día una cabeza de fauno disecada sobre
    las tablas del museo.
Sus ojos te miran y suplican, aunque ya solo sean
    canicas de cristal pintadas.
La cicatriz cosida te habla de una herida que no sangra,
    pero mata, porque, como verás, ya no está viva.
La puse de cabecera de mi vida y el público solo vio
    los cuernos, porque no hay quien vea el dolor o
    la muerte cuando hay belleza de por medio.

Me queda un corazón ingrato

Me he metido las manos en el pecho y he estado hurgando allí, muy dentro.

La sangre me empapó el cuerpo y los dedos han rozado músculos y arterias, en busca de encontrar al fugitivo y asfixiarlo.

Él sufre, se tambalea, siempre es el que más se queja, el que más llora, es fuego y hielo y late al ritmo de los tambores.

Lo desprecio, lo odio, lo temo. Por eso me hurgo el pecho. En busca de las conexiones que lo silencien y me dejen fría y muerta. Sin sangre que hierva.

Él es el culpable de todo lo bueno, de todo lo malo. Del amor y del dolor.

Ese traidor que se esconde entre los huesos.

Ese ingrato corazón.

Me queda una espada mal inclinada

Lo interesante de la muerte es que acecha en cada esquina.
No la verás acercarse, tiene muchas caras y es diablo viejo.
Así que, cuando te toque la espalda, ni siquiera la habrás
  escuchado llegar.
No pensamos en ella hasta que la reconocemos cerca, en
  hombros de quien queremos. Y entonces te da por pensar:

¿Alguna vez me tocó y no supe que era ella?

A mí me rozó las manos de niña, en el campo, con forma
  de paquete de patatas y cabeza sibilina. Recogí una culebra
  del camino, preciosa y colorida. Saltaba sobre sí misma
  cada vez que la miraba.
Recorrí con ella kilómetros, enamorada
  de un encanto envenenado.
Fue mi padre quien la vio y supo que,
  en vez de culebra, era una víbora
  ibérica, de esas que se visten
  guapas para matar siendo bellas.
Aquel día la gran señora me tarareó al
  oído, pero no la escuché hasta
  una noche en vela, años después,
  tras haberla visto cantando.
Nadie piensa en la suerte hasta que conoce
  a la muerte.

Y me queda una ciudad de piedra gris

Hay una ciudad de piedra gris y hueso
en la que aún no tengo sitio
porque hay demasiados muertos.

No hay hambre ni dinero,
no hay ruido ni criminales.
Allí todos son iguales
aunque paguen mejor precio.

Puede que su familia le ponga flores al cristal,
que las fachadas sean de mármol o de metal.
Siempre de familias con caudal.

Pero dentro de casa están solos,
corre el viento y hay gusanos,
oscuridad y telarañas.

Allí son todo huesos,
y si no me crees, pregunta,
a ver qué te dice el sepulturero.

Chispas

Prender llamas donde
solo hay cenizas

Han vuelto a florecer las llamas
tras lo que parecía una vida entera.
Ya no brillan como antes,
falta gente en la hoguera.
Y, aun así, vuelve a oler a primavera.

La persona a la que llaman por mi nombre

He vivido durante años escondida de mí, como si vivir
conmigo fuese un delito.

De pequeña no me llegué a conocer, era demasiado grande
el mundo como para mirar abajo y encontrarme a mí.

Luego llegó la tormenta y fue tiempo de conocer a la
muerte.

Así que, cuando llegó el momento de ponerme nombre,
ni siquiera sabía por dónde empezar.

Era muy pequeña al lado de todo lo que había conocido
hasta el momento.

Intenté ser enorme, volverme grande en un mundo de
gigantes y acabé aplastando todo lo que se puso en
mi camino. No le gusté al mundo o el mundo no me
gustó a mí. Se pinchó el globo de las grandezas y volví
a ser pequeña.

Solo supe que me gustaba ser pequeña el día que descubrí
problemas en la grandeza.

Lugares comunes

Si escribes, alguna vez te toparás con ellos, con los lugares
    comunes. Frases hechas que, al final del día,
    a aquel crítico o escritor que mira bajo la patilla de sus
    gafas, le dirán si vales o no para el oficio. Hay muchas
    trabas en la escritura, pero los lugares comunes se
    vuelven pesadillas, a veces insalvables para todo aquel
    que esté hecho de tinta.
Me resulta muy curioso que, en un mundillo en el que
    el sentir es tan importante, corten las frases por su
    apariencia. Como si la belleza se derritiera por acercarla
    al que camina.
Y es curioso, porque, a pesar de saber esta terrible falta,
    hay algunas frases que nunca se despiden de mi cabeza.
Cuando me dan ganas de escapar de mí, me arranco
    la piel a tiras.
Cuando lloro sin llorar, me pinchan y no sangro.
Cuando viajo tras una ventana, vivo en la luna de
    Valencia.
Moriré porque siempre he tenido el corazón en la mano.
Ardo en deseos cuando la piel me hormiguea.
Soy un mar de dudas sin respuesta.
Es curioso, ¿verdad?, que te juzguen por sentirte igual
    que el resto, por aferrarte a un vicio cuando vives
    rodeado de borrachos.

Sueño

De noche, con la boca seca, procuro
pensar en lo que he dicho bajo el sol
de la tarde. Para olvidar que se me
secó la boca por falta de amor.

Rosa pastel

Dicen y redicen que el rosa no existe, al igual que
el color marrón. Que son mezclas y efectos mal
llamados y mal vistos por el ojo humano.
No son colores de verdad, se atreven a decir.
Para mí, si los veo y tienen nombre, me da igual
la opinión de expertos y filósofos, tienen derecho
a ser y existir.
Más difícil me resulta creer en esas otras cosas,
las que sin ser visibles tienen nombre y la obligación
de existir.
Como el amor, la fe o un futuro feliz.

Miedo a mí

Tengo miedo al hecho de que mis palabras, sin voz,
    se queden vacías.
De ser una voz bonita y una mente al descubierto.
Tengo miedo de que, al mirar y apartar el velo, tras
    la voz, alguien me vea a mí, con los pensamientos
    sin música de fondo, feos, retorcidos y llenos de
    dudas.
Tengo miedo a que una pregunta hambrienta no sea
    bonita sin entonación, a ser una muñeca nacida
    del teatro y el vídeo, no de un interior florido.
Tengo miedo a que la gramática me coma cuando
    estemos a solas. Y que solo haya sido un sueño de
    una niña febril.
Tengo miedo, siempre lo tengo, a que, sin artificios
    ni filtros, no haya magia en mí.

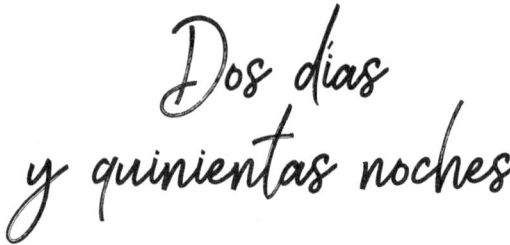

Dos días y quinientas noches

Mi hora favorita nunca ha sido fija, se mueve entre
la noche y el día. Cuando el sol se refleja en
los aviones y la luna ya puebla pesadillas.
Duran poco esas dos tardes, para lo eternas que son
las estrellas.
Y si dos días viviese, qué cortos se me harían.
Las personas andan mirando al suelo a esas horas,
pensando que mañana brillará el sol de nuevo,
sin tan siquiera pensar en la luna.
Hay un par de ellos a los que una noche les caen
las estrellas y estrellados saben que no vivirán
mucho para verlas. Solo a ellos los verás parados
en la calle, observando el cielo, cantando. Porque
saben que el sol es preciado y la noche, larga
y eterna.
Sin temor a la oscuridad no se habla del amor al sol.

Sabor a sal

Las pérdidas son, en esencia, el mar que un día te
    enseñó a beber dulce y a cerrar la boca al nadar.
Te dicen que en un momento estás y después solo
    queda el recuerdo.
Es el océano el que te ahoga y te estresa, el que te
    hace pensar en los tiburones y profundidades y
    en los días calurosos te arropa y juega, el que te
    permite soñar con estrellas de mar y valerosas
    sirenas.
El mar embravecido te sorprende cuando menos te
    das cuenta, cuando el flotador se hunde y no hay
    tierra a la vista. Solo entonces sopla el viento y
    juega contigo la espuma.
Fue el sabor a sal el que me enseñó a cerrar la boca
    y a respirar profundamente el olor de las olas.

Sensación de viejo

Cuando era pequeña mi mayor miedo siempre fue que
los años me encorvasen y no pudiese mirar nunca
más el cielo.
La calle la invadían los trajes grises, las espaldas anchas,
las chepas amplias y los ojos hundidos.
Era una verdad, más que universal, que, con los años,
las personas bajaban la cabeza. No se daban cuenta.
Es lógico, el villano nunca sabe que es el malo.
Y es difícil saber que has perdido de vista el cielo
una vez que miras el suelo.
Yo sabía que los ojos siempre bajaban, era solo cuestión
de tiempo.
Ahora sé que es verdad, que las cargas que no se veían
te tiran a tierra, por eso valoro más que nunca a
los que sueñan. Los que un día echaron el ancla
y se niegan a dejar de mirar el cielo aun cuando
el sol los ciega.
Son pocos, pero ahí andan, entre tropiezo y baches,
siempre renegando de los pies en la tierra.

Sueños de sangre

He ilustrado corazones arrancados durante años,
y solo hace un par dejaron de llorar.
Te miran con el tejido entre los callos
y esperan que esboce los ojos, aunque le sangren las manos.
Ahora los dibujo en color,
sangrantes sí, pero nada más que un recuerdo.

Sueños de cera

Una noche encendí mis sueños
y no me di cuenta de que prendía velas.
Los sentí calientes, de hierro,
pero en cera lloraban sus metas.

Es temible verlos arder,
porque nunca temí perderlos
y ahora, cuando sopla el viento,
nace el miedo a dejar de quererlos.

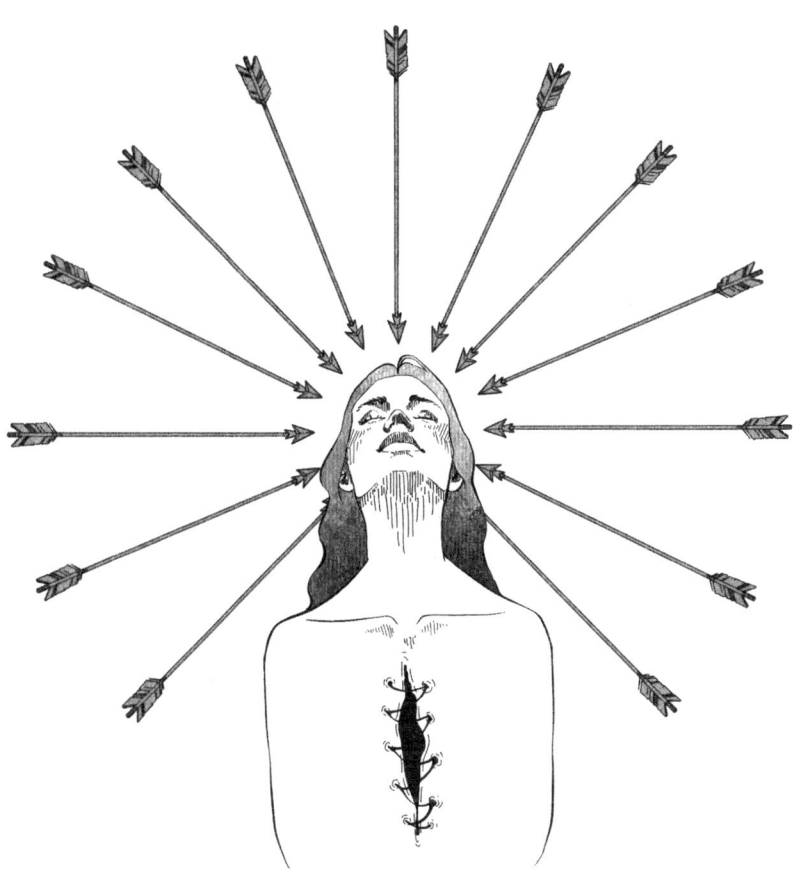

Claridad

¿Qué más da?

Porque esto siempre fue una
historia de amor,
de encontrar la razón para vivir
cuando dejó de existir.

Un chaparrón de elogios

De niña me habría encantado que la historia hablase de mí,
de grandes sueños y enormes propósitos. Que de mí
se hubiesen dicho palabras de más de tres sílabas, con
tres adjetivos seguidos y cinco exclamaciones.
Sé que hay otra yo a la que le gustaría conocerse en revistas.
Que hablase de mí la historia como una amante en vez
de incluirme en cifras poblacionales y estadísticas vacías.
Ahora que he crecido, me arropo en el anonimato. Cuando
yo me muera no quiero un homenaje, no quiero ser
conocida en textos ni estudiada en clase.
Porque hay gente que sueña con ser grande mientras otros
sueñan con ser pequeños.
Todos seremos olvidados un día, ya sea hoy o cuando se
acabe la vida.

Laberinto

Vivir perdida significa que algún día encontrarás
el camino.

Puede que no sea el que buscabas,
que esté lleno de hierbajos o piedras.
A lo mejor olías el mar
y te llevó a tierra.

Pero siempre hay un camino,
eso es algo de lo que tengo bastante certeza.
Porque yo una vez encontré el mío
cuando hacía meses que navegaba sin vela.

La necesidad de encontrar ojos cuando no hay orejas

Empecé a escribir porque a nadie le gusta escuchar.
Hablan y hablan sobre sí mismos,
los problemas de otros les dan igual.
Pero si es escrito leen lo que sea,
quiera ser por levantar la barbilla
o por encontrarse allí fuera.
Entre letras amargas, poemas sinceros,
biografías o ayudas que ayunan.
Empecé a escribir para que me escucharan
y solo te encontré a ti.

Cuando todos seamos olvido

Vivo en el punto ciego de los grandes astros.
Soy tan pequeña que mi rostro no tiene nombre
y mi corazón es un número registrado en
un país cifrado.
Mi nombre lo conocen los números cercanos, pero
en cuanto camino dos pasos los demás se acuerdan
de mi cara, no de mis actos.
Ojalá comprendieran todos que son tan pequeños
como yo. Que algunos tendrán mil menciones
en la historia, pero se volverán hueso y polvo en
el cementerio.
Hay recuerdos a los que ya solo les queda nombre,
hay cuerpos renombrados entre museos
y doctrina. Hay tumbas que hablan de vida
enterrada, de cifras olvidadas.
Y qué más da ser una más del puñado, sí cuando
el arroz caiga al buche, todos habremos sido
tragados.

Huesos blanquecinos

Siempre que remueven algo en la ciudad donde vivo,
encuentran huesos. Es como si la historia escondida
vislumbrase huecos por donde salir. A mí me gusta
pensar que vivo sobre kilómetros de recuerdos,
que ahora yacen enterrados, pero en algún momento
sintieron pasiones y respiraron como yo.
Si sigues andando por ese sendero de pensamientos,
te encontrarás con la inevitable idea de que algún día
seremos nosotros los huesos y otros los que andarán
sobre el recuerdo.
—¡Qué blanco y bonito este fémur! —dirán algunos.
—Qué bien pagó al dentista —dirán otros.
Tal vez desentierren palabras. Y ojalá hablen de letras.
Pero cuando mis restos sirvan para arrancar motores
y hacer ricos a los más ricos, las palabras serán olvido
y yo solo espero que la gente viva feliz sobre mi
recuerdo.

Trocitos de vida robados

Cada mañana, al ir al trabajo suelo encontrarme con un padre y su hija de camino al colegio. Cuando las mañanas son tranquilas, los dos charlan tranquilamente sobre cosas mundanas que los hacen felices. De un pajarito que les lleva comida a sus polluelos, de aquella flor roja que se ha caído al suelo, de la aventura de un nuevo día de colegio.
Si el día es malo, me los encuentro a los dos con unas ojeras de caballo, no hablan, solo andan y comparten la desgracia de haberse despertado de madrugada.
Hay otros padres y otros niños en los que me fijo. Hay dos mellizas muy graciosas que tienen mochilas a juego.
Un niño que se distrae con las colillas de la calle y va siempre arrastrado por la madre.
Hay dos hermanos que llegan de la mano.
Una madre y una hija que se echan carreras a destiempo para llegar a tiempo.
Hay una infinidad de historias en la calle, a primera hora, a la entrada del cole.
Me encantaría decir que no soy una ladrona, pero, al verlas, sé que esos pequeños trocitos de su vida, que ellos olvidarán por ser el común de sus días, yo los tengo inmortalizados en un recodo de la cabeza. Allí donde las cosas mundanas se vuelven inmortales.
Los años pasarán y llegarán más edades. Rutinas diferentes que parecen todas iguales.
Sus vidas darán un cambio y yo los recordaré con cariño, a todos esos trocitos de vida que un día robé y aún conservo.
En vez de pirámides, en mi galería expuse recuerdos. De otras vidas, de otra gente. De pequeñas manías que no son mías y que un día me volvieron ladrona, sí, pero una ladrona de recuerdos.

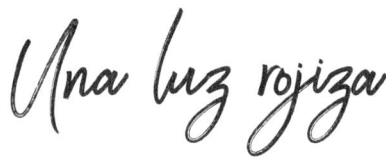

Una luz rojiza

Mi corazón tiene una luz rojiza. Si la ves brillar, sabrás,
sin querer, que es ella. Brilla y parpadea al son del
viento, es suave y caliente. Delicada y cantarina.
Es roja porque vive encerrada, bajo cortinas de sangre
y persianas de fibra. Si te quedas callada, la oyes cantar
porque entre latido y latido le gusta tararear.
A mí se me pegan cosas de esa lucecita roja. Tarareo sin
saber, bailo sin querer y me balanceo de lado a lado.
El problema de mi luz es que, si hace viento y es suave,
baila, así que, cuando hay tormenta o marejada,
se aquieta y calla.
A veces llueve y se monta en barca, parpadea mucho pero
no se apaga. Le gusta llorar entre mares y querer entre
susurros y secretos.
Mi pequeña lamparita alumbra poco, pero en las noches
se vuelve linterna y cuando me pierdo es ella la que
encuentra el camino. Dentro de la oscuridad, es
la que gobierna. Llore, sufra, ame o pierda, será esa luz
la que te encuentres cuando me quieras.

Apuesta perdida

Si apostase mi vida a una sola
  carta,
acabaría perdiendo la vida antes
  que la partida.
Estoy llena de sueños, crupier,
no más apuestas perdidas.

Paz

El viento sopla y se mueven.
Se agitan las jirafas, se contornea el cocodrilo. Cabecean
las cebras.
La tela se ondula, se curva y vuelve recta.
A la marea de hoy la trotarán borreguitos blancos
y espuma de color jazmín.
La mar seguirá salada y no habrá rastros de medusas.
Los peces en la costa saltarán contentos y las gaviotas
seguirán con el buche lleno de carne de mar salada.
La ropa se agita en la cuerda.
¿Qué haré esta noche bajo la luna mordida? ¿Qué haré
mañana entre el tejido del sol?

Rumbos nuevos

Ha sido un paseo muy largo hasta que he vuelto a ver algo arder.
Ya no prende como antes, a la madera mojada nunca se le dio bien
el fuego, pero aquí sigo, después de tantos años y aún ardiendo.
La diferencia es que ahora sé que sangro rojo, no ascuas, y que
algún día seré cenizas.
Hubo un tiempo en que temí las llamas y, a pesar de ello, nunca
dejé de buscarlas.
Ahora que las conozco, lo repito: son bonitas las tormentas y hay
que saber temerlas.
Algún día volverán, lo sé, las nubes siempre están cerca. Y serán
nuevas, sombrías, grandes y pequeñas, traerán oscuridades
inmensas, rayos que me cegarán de nuevo, lluvia y espero que
también chispas. Porque sé buscar la
claridad, aunque a veces
parezca perdida.

Epílogo

Tras todos estos años y un sinfín de poemas atormentados, te habrás fijado en que al final la amargura de la tristeza se fue, pero aún quedan reflejos de aquellos días de tormenta. Y espero que sean la esperanza y las ganas de vivir a pesar de ello lo que encuentres entre mis páginas.

Esta ha sido una puerta que te he abierto, para que entres y mires este pedazo de mí que tenía escondido. Una puerta que espero que vuelvas a abrir siempre que lo necesites.

Muchas gracias por atravesar la tormenta conmigo, yo te esperaré aquí siempre que decidas caminar de nuevo bajo la lluvia.